就算不會說法語，
只要會畫畫就沒

/ Pam Pam Liu

BONJOUR! 安古蘭
前進法國漫畫小鎮

作者序

踏上安古蘭，未曾預期地劇烈改變

距離二〇一八年至安古蘭度過夢幻的三個月駐村生活，已經過了三年多了。

在回台之後我仍常常想念那樣充實的感覺，那段充滿其他漫畫家同伴的鼓勵與認同，一起為了畫出心中的故事而努力的日子，到如今仍是支持我繼續創作的動力，想到他們與安古蘭散發的漫畫氣氛，好像一個人在家畫畫也不那麼孤單了。

雖然當時只覺得安古蘭駐村經驗是人生中的小小美好插曲，沒想到其實這三個月是我的人生轉捩點，讓我的畫畫生涯徹底改變。

原本在穩定工作與專職創作者之間游移不定的我，因此下定決心辭掉工作，專心投入圖像小說的創作中，最後終於可以正式出版，圓了長久以來的夢想，甚至還有貴人幫助讓我有機會在法國出版著作！宛如作夢一般的，現在我可以把想說的故事全部都畫出來，而且還有人想看，這對一個創作者來說何其幸運。

這是十年前的我完全無法想像的未來，以前的我可說是比現在更努力的埋頭苦幹，希望可以找到自己的定位，讓更多讀者看到我的創作，然而總是有種徒勞無功的挫折感，如今台灣的漫畫閱讀風氣在這期間變得更加多元，網路也使圖像傳播更加直接，使我的作品能傳得更廣更遠，我遇見了許多願意幫助及鼓勵我的人，許多讀者也默默地支持著我，這些都是我非常珍惜與感謝的。

創作總是孤獨的，但只要回想起那些路途中認同自己的遇到的人，就開心得想大叫：「認識你真好～你知不知道！」

Contents

Chapter
01

安古蘭駐村之夢

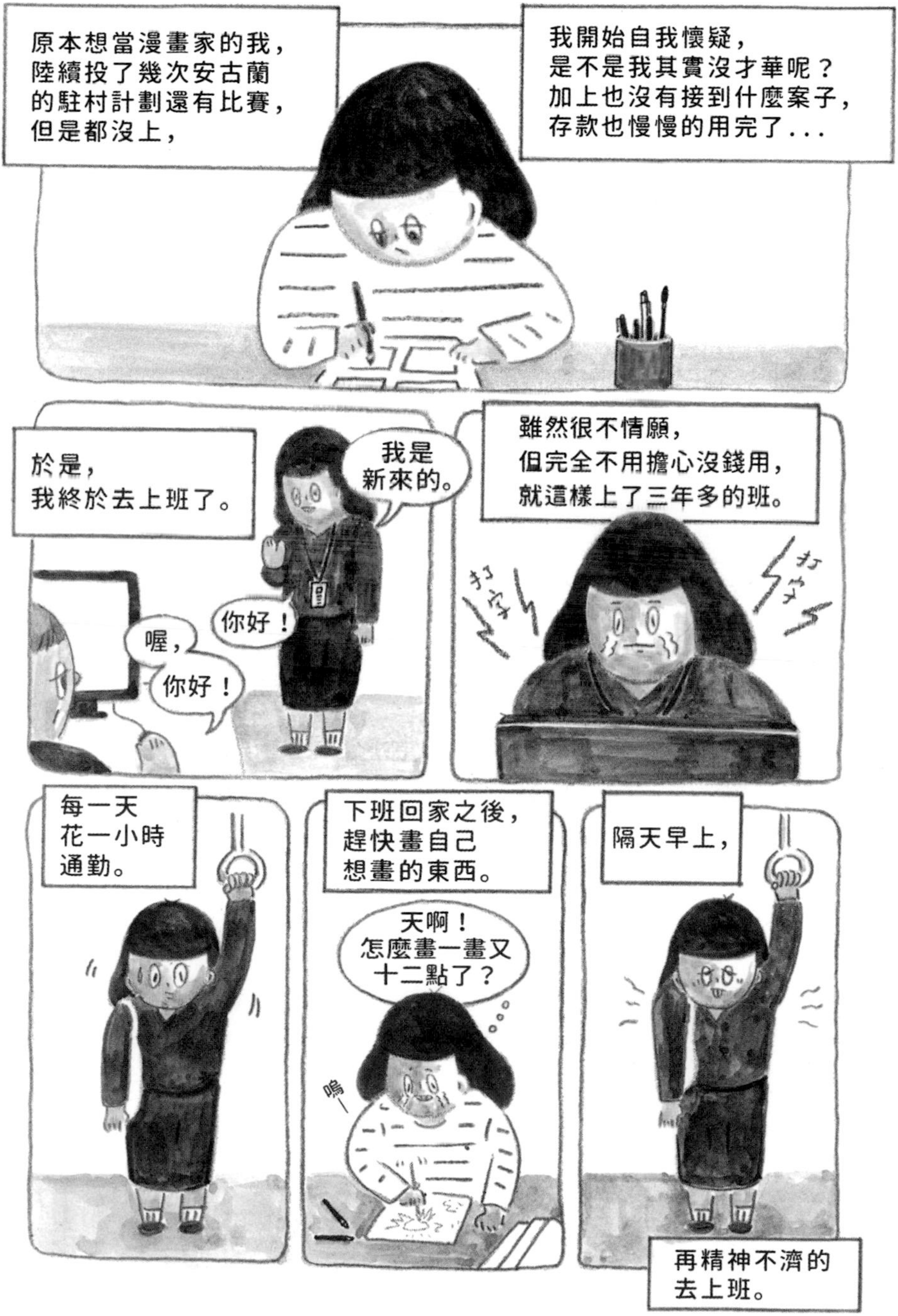

原本想當漫畫家的我，
陸續投了幾次安古蘭
的駐村計劃還有比賽，
但是都沒上，
我開始自我懷疑，
是不是我其實沒才華呢？
加上也沒有接到什麼案子，
存款也慢慢的用完了...
於是，
我終於去上班了。
我是
新來的。
你好！
喔，
你好！
雖然很不情願，
但完全不用擔心沒錢用，
就這樣上了三年多的班。
打字
打字
每一天
花一小時
通勤。
下班回家之後，
趕快畫自己
想畫的東西。
天啊！
怎麼畫一畫又
十二點了？
嗚—
隔天早上，
再精神不濟的
去上班。

將乾脆放棄畫畫,專心上班的想法
跟朋友說的時候...
還是放棄吧!
不可以!
可是這幾年都沒有什麼進展啊!
再投一次駐村吧!
再試一次!就當最後一次!
投了不一定會上,
但是沒投一定不會上!
這段勵志的喊話,
讓我突然技癢加手癢,
想趕快畫一篇來報名駐村。
我要畫!
我要畫!
我要畫!
漫畫!
GO!

花了三、四天的時間
完成了三張完稿，
是一個有關太陽系的故事。
改編自自己很喜歡的
大學時期作業。
然後，
偷偷的在公司
印出報名表。
與讓我
很頭疼的駐村計劃。
終於趕在時限之前
順利寄出所有的資料...

因為想說是再給自己最後一次機會，

與以前得失心很重的，
每天想著沒上怎麼辦的心態相比，

輕鬆了許多！

沒上的話，就繼續上班，
畫畫當興趣就好了嘛～

接下來的日子
又是日復一日，
我也漸漸忘了
安古蘭之夢。
直到有一天，
逼
上班時收到
一封信，
以為是廣告信
要刪掉時——
文化部來信——恭喜您獲選為2018～2019漫畫藝術家法國安古蘭駐村交流計劃正取。
感謝您參與本次駐村甄選，
恭喜您獲選為2018～2019年法國安古蘭駐村交流計劃正取。
咦！

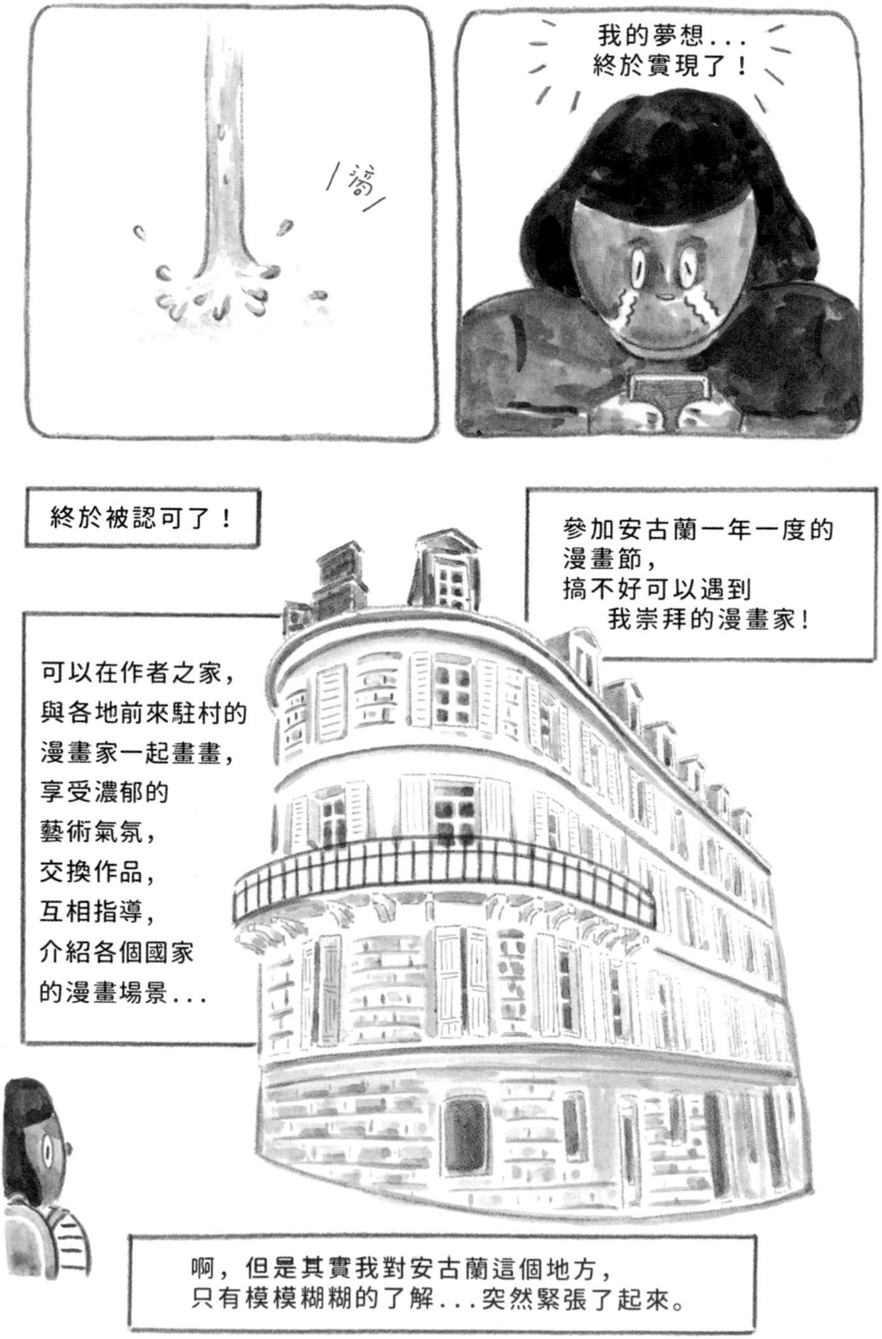
滴
我的夢想...
終於實現了！
終於被認可了！
參加安古蘭一年一度的
漫畫節，
搞不好可以遇到
我崇拜的漫畫家！
可以在作者之家，
與各地前來駐村的
漫畫家一起畫畫，
享受濃郁的
藝術氣氛，
交換作品，
互相指導，
介紹各個國家
的漫畫場景...
啊，但是其實我對安古蘭這個地方，
只有模模糊糊的了解...突然緊張了起來。

詢問了有去過的朋友，
該注意些什麼呢？
那裡其實蠻國際的呀！英文可以通，不能的話，就用畫畫的，要豬肉就畫豬，要魚肉就畫魚給老闆看。
是嗎...？
不用帶太多現金喔！
我記得菜市場還可以用行動支付呢！
也太先進了吧！
跟大城市不一樣！安古蘭的居民大多都很親切！而且治安很好的，
駐村的漫畫家也都很熱情，很容易就交到朋友的小心別感情太好，要離開時會哭喔！
這太扯了，我不相信。

疑心病如我，
覺得怎麼可能
安古蘭的人
都會說英文呢！
繃啾...
繃絲襪...
法文
旅遊
還是研讀一下
日常會用到的法文吧！
（結果最後也沒記得幾個字）

聽過不計其數
遇到扒手的故事，
對於歐洲的治安
也非常抱存懷疑態度。
安全
第一
在出發前還特別上網買了
可以掛在肚子上，用衣服蓋起來的袋子，
放了很多張鈔票，
也聽說有人把錢藏在鞋子內的。

最令我擔心的是，
租屋的地方要空置三個月，
不僅很怕有人闖空門，
加上明明人不在，
還要繳三個月的房租，
也是很令人心疼的。
「現在緊張這些也來不及了！
還不如想想到了之後要怎麼把漫畫作品準時完成！」
上飛機之前這樣對自己說，
就與另一位台灣前往駐村漫畫家：日安焦慮，
上了要坐十七小時還要轉機的飛機。
安古蘭，我來啦！

Chapter
02

駐村起飛倒數中！

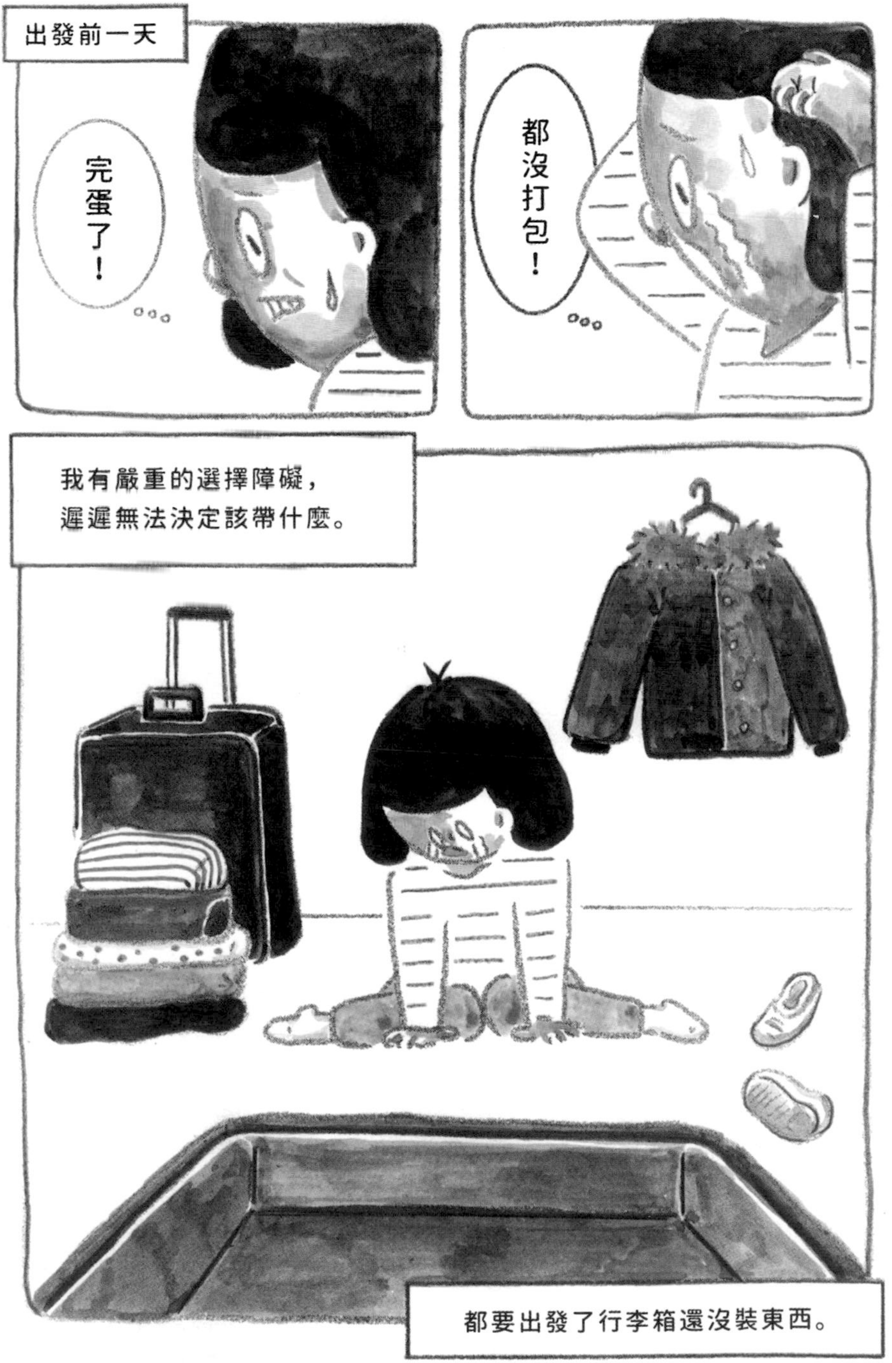
出發前一天
完蛋了！
都沒打包！
我有嚴重的選擇障礙，
遲遲無法決定該帶什麼。
都要出發了行李箱還沒裝東西。

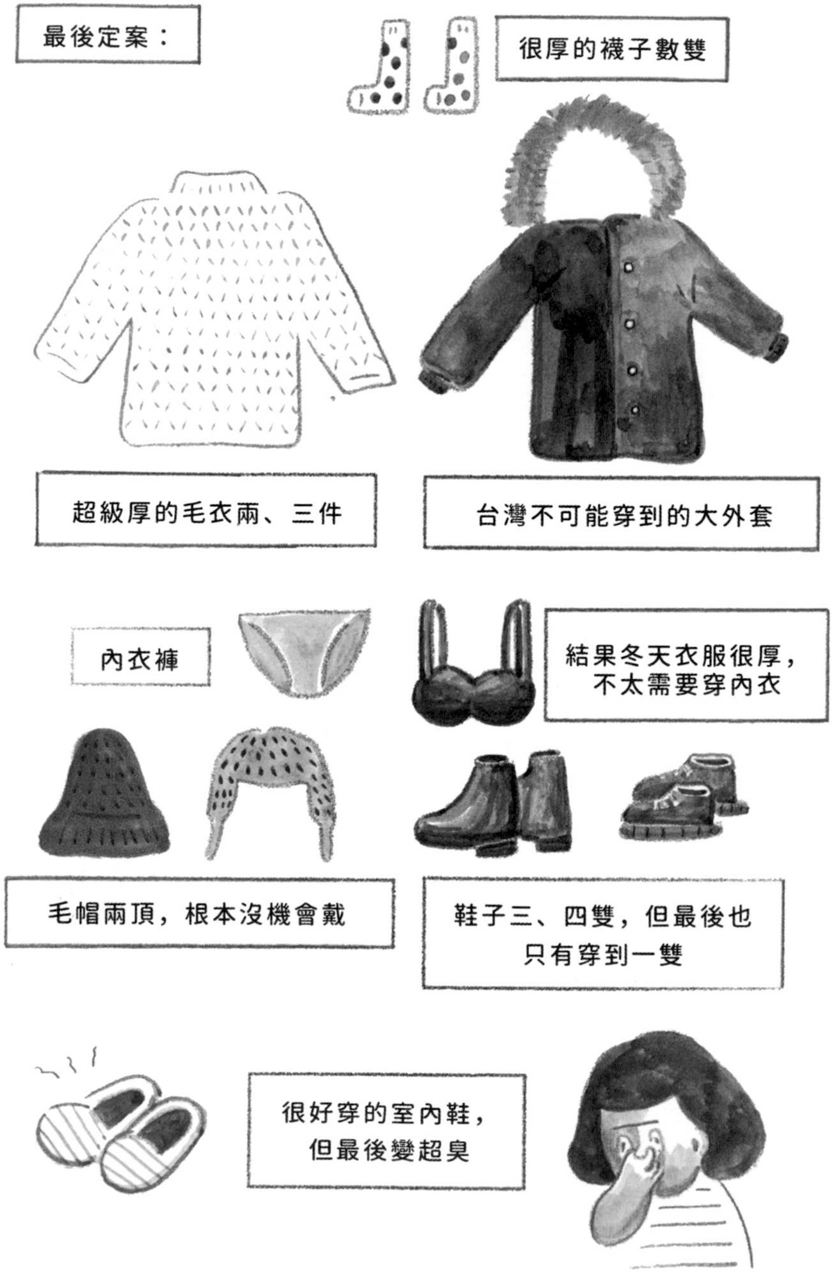
最後定案：
很厚的襪子數雙
超級厚的毛衣兩、三件
台灣不可能穿到的大外套
內衣褲
結果冬天衣服很厚，
不太需要穿內衣
毛帽兩頂，根本沒機會戴
鞋子三、四雙，但最後也
只有穿到一雙
很好穿的室內鞋，
但最後變超臭

因為不知道要去哪裡看醫生而準備的藥物

日常生活會使用到的必需品

為了準備自己下廚
而買的用具與食材

可惜米太重，最後沒帶

當然還有所有
畫畫用具：
電腦、素描本、
繪圖板等等…

結果東西多到行李箱
快爆炸...
只好把塞不下的衣服
都穿在身上。
不能
動了啦！
雖然是十二月，
但台灣當時非常的熱，
我就這樣又腫又燙的上飛機。

I am sterdam
從台灣出發，
我的機票需要先在阿姆斯特丹轉機。
待三個月？
這麼久？
駐村？
那你要住哪？
我是去
駐村的！
駐村的單位有提供
宿舍！
在海關時，他一臉懷疑的
問了很多問題，幸好最後
順利過關了。

到了沒？
CHARLES DE GAULLE
看到了！
到了法國機場，
要再等一、兩個小時
轉火車，上火車後，
只要再坐兩個小時的車就可以到安古蘭了！

初來安古蘭，天氣陰雨。
GARE DE ANGOULEME
「真的會有人來接我們嗎？」
正這麼想時...
咦？
是他嗎？

布莉姬好心來接我們。
Lor.em Ipsum
請問，
Bonjour!
是台灣的駐村
漫畫家嗎？
在一番眉來眼去後，終於相認。

塗了藍色睫毛膏的
布莉姬，
是作者之家的行政，
他負責所有駐村
漫畫家的日常所需。
Brigitte
我們到達安古蘭
的第一天，
他怕我們行李太重，
特別開車
來載我們到公寓。

坐在車上經過小鎮的時候，看著畫在建築上
充滿藝術氣息的漫畫們，我才發現...

Chapter

03

打開漫畫小鎮地圖

完了完了 ... 怎麼不是法文就是英文，看得好痛苦啊！！！

1. 漫畫博物館：不定時舉辦經典或新人漫畫家的畫展
2. 漫畫圖書館：收藏各國漫畫，是大人小孩都喜歡拜訪的地點
3. 作者之家：集結各國漫畫家駐村，有多間備有專業器材之工作室
4. 可麗餅店：小巧可愛的店面，老闆親切好客，漫畫節時一位難求
5. 印度餐廳：口味正統，價位便宜，服務周到，在作者之家兩分鐘之距離
6. 漢堡店：雖然是美式漢堡店，但口味清爽，不油不膩
7. 安古蘭博物館：常設展為安古蘭歷史文物，於漫畫節時會有特別的展覽
8. 古堡公寓：格局以古典的旋轉樓梯為特色，提供給駐村作家短期居住
9. 速食店：像是麥當勞的店，雖名為 QUICK，但上餐速度很緩慢
10. 有機食材店：販售有機蔬菜等等的食材，若想吃豆腐，這邊就有販售

Brigitte 給我們的安古蘭觀光地圖

1 MUSÉE DE LA BANDE DESSINÉE
LA CHARAENET
MAISON DES AUTEURS
2 LA BIBLIOTHÈQUE DE LA BANDE DESSINÉES
3
SANTA FE
4
5
Jardin De Kashmir
6 LE CARPE'
8 APARTMENT
MUSÉE d'ANGOULÊME
9 Quick
10 Bioc'Bon
TO FU!
7

GARE SNCF
ANGOULÊME
18
LES HALLES
CENTRAL
MARKET
11
CINEMA
CGR
17
AUX FINES
COULEURS
12
H&M ZARA
16 4 PLACE
DU CHAMP
DE MARS
Thai
SUPER MARKET
19
HERGE
13
pharmacie
14
express
15

11 傳統市場：在安古蘭中心，販售新鮮魚類、果醬、起司、鴨肝醬、蔬菜水果

12 美術用品店：基本的畫畫用具這邊都可以買到

13 人頭雕像：丁丁歷險記的作者 Herg é

14 藥局：安古蘭的藥局密度蠻高的，除了基本的醫療用品外，還有美妝保養品

15 超市：從生活日常用品到食材或微波食物應有盡有，但很少有亞洲食材

16 購物中心： 小型的 MALL，有許多知名衣服品牌以及一般的商業書店

17 電影院：基本上英語系的片子也會配上法文配音

18 安古蘭車站：本地交通樞紐，內裝常與漫畫人物結合

19 泰國小超市：基本上就是亞洲超市，可購買到各式調味料、泡麵、煎餃、麵筋罐頭等等 ... 建議搭乘公車前往

太好了～
我想去超市！
買洋蔥、
胡蘿蔔，
還有雞肉！
等等呀！
那個...
我們得先
把行李...
搬到樓上...
才能出去逛逛喔！
!?
喔...買尬！

整個樓層的設計是旋轉樓梯，
比一般的樓梯更難搬！
此時很後悔帶太多東西。
呼...
終於...看到門了...
WELCOME
囉...
太好了，放完行李，
就可以去超市大買特買...

...
我太天真了，要上到臥房，
還要爬上不穩固的木頭旋轉梯。

好不容易用盡全力
將兩個大行李箱搬進房間後，

你準備好
出門了嗎？
喔！
那我出去
逛逛！
不...
我今天
不出門了！
根本沒心情去超市了。

Chapter 04

安古蘭下廚記事

公寓有兩間臥房，
一間粉紅色，
一間藍色。
我可以要藍色的那間嗎？
喔。
於是，我得到了藍色的房間
雖然不大，但床很大很舒服，
窗外還有鳥兒歌唱，
能來到這裡真是太棒了！

廚房好大！
有烤箱有爐子有大冰箱！
什麼都有！
這裡好多調味料喔！
竟然連醬油
也有！
太好了不用買了，
這樣可以滷雞腿！
哇！還有好多鍋子。
咦？
沒想到
連琺瑯鍋都有！
真是太貼心了！
這很高級的說！

可以煮
好多好多
...
滷雞腿...
烤馬鈴薯...
淡菜大餐...!

我要去
市場看看，
你要
一起去嗎？

路上怎麼
一個人都沒有，
好冷清喔...
這裡平日
都沒有人的，
漫畫節時
就會爆滿了。
喔，
那是因為...

有車...
先讓他過。
咦？
他要讓
我先過？
在台灣從來
沒有遇過這種事。
發生
什麼事了？
真是開眼界了。
我從來沒有
被車子禮讓過耶...
一直到離開安古蘭前，
都還是無法習慣被車讓。

這裡的傳統市場應有盡有。
Bonjour!
Bonjour!
Bonjour!
你們好～
手工果醬、各種口味的起司、
光是蘋果就有三、四種品種的水果攤、
鴨肝醬、還有海鮮等等 ...
而且店主們都超熱情的招呼客人。
看起來
好健康的
馬鈴薯！
多買幾顆好了
今晚就做
咖哩！

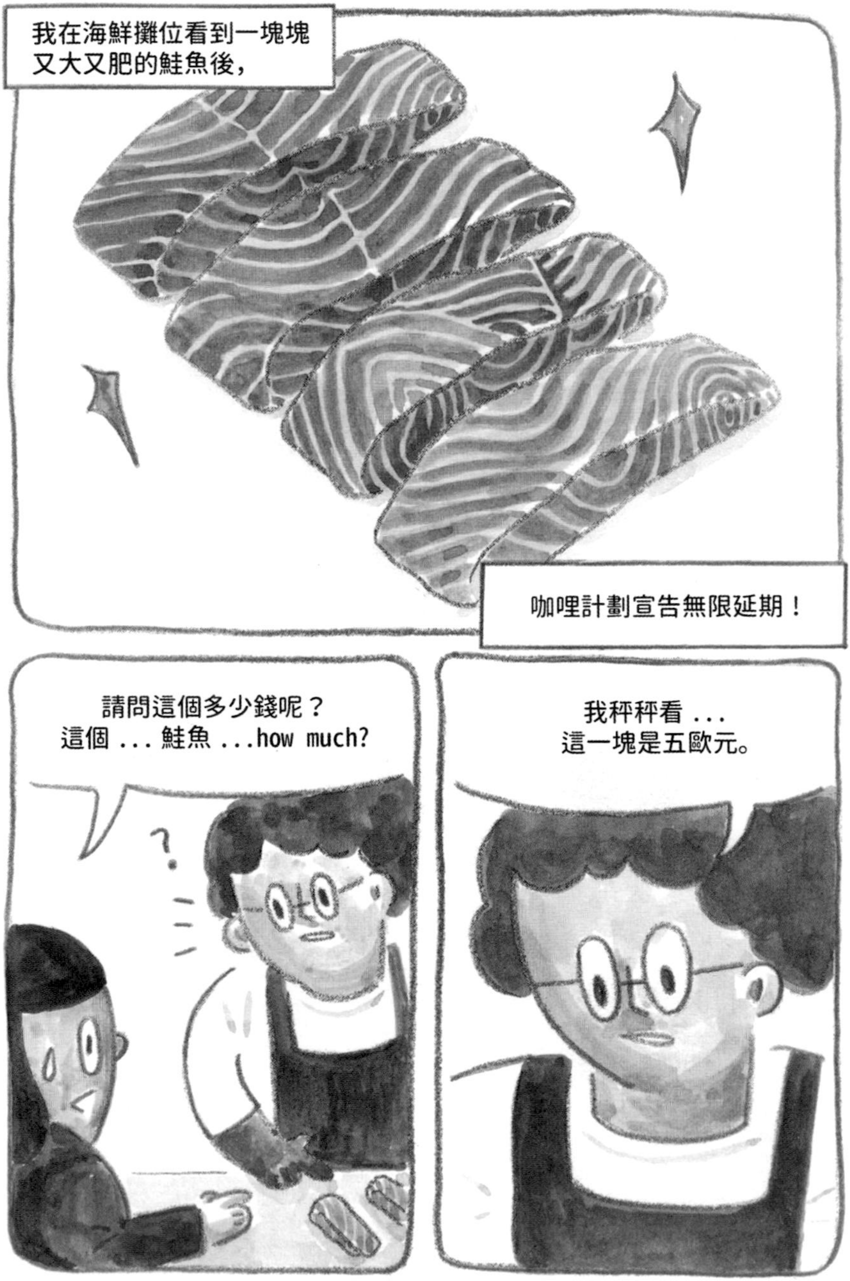
我在海鮮攤位看到一塊塊
又大又肥的鮭魚後，
咖哩計劃宣告無限延期！
請問這個多少錢呢？
這個 ... 鮭魚 ...how much?
？
我秤秤看 ...
這一塊是五歐元。

那我要
這一塊 ...
不不不，
這兩塊我都要了！
OUI!
兩塊都要！
兩塊
都要嗎？

嗚呃 ...
需要幫忙嗎？
太貪心買了好幾天份的食物，
但滿腦子都是肥肥的鮭魚。

料理方法如下：
鋁箔紙包鮭魚放入烤箱，
耐心等待二十分鐘後
取出鮭魚，
將鮭魚及其湯汁倒入盤中
淋上檸檬汁。
太好吃啦
太美味了，我愛安古蘭！

Chapter 05

傳說中的作者之家

準備好了嗎？
前進
作者之家！
到達安古蘭第二天，終於要去工作室開工了。

揹著所有畫具與便當
緊張兮兮的出門。
走路兩分鐘就到了。
用感應卡
進大門。
B
B
Brigitte 坐鎮入口。
Bonjour!
來，
我帶你們去
工作室！
Bonjour!
在法國，打招呼是很重要
的事，在工作室就算遇到
不認識的人也要問安。

作者之家剖面圖解析

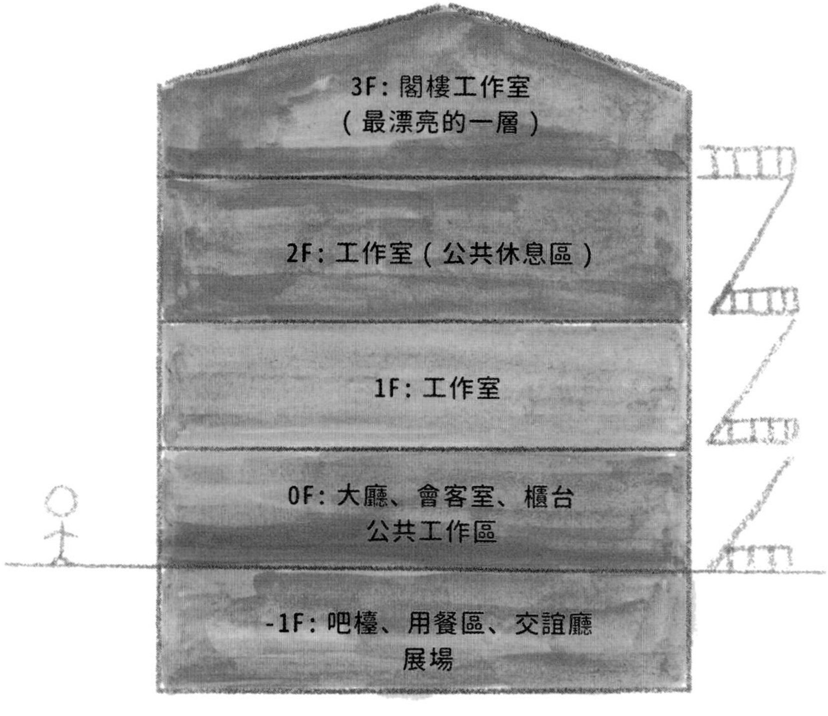

法國的樓層分配跟我們不一樣，他們 1F 都會寫成 0 樓，所以其實 1F 是我們的 2F（繞口）。

我們的工作室位於 2F，剛好是休息區，常會有其他漫畫家在此煮咖啡與泡茶，最棒的是這區域是 wifi 最強的地點！

地下樓的吧檯區是大家中午吃便當的熱門地點，外食很貴也不好吃，所以大多各位都會自己下廚帶來，順便聊天交際認識新人。

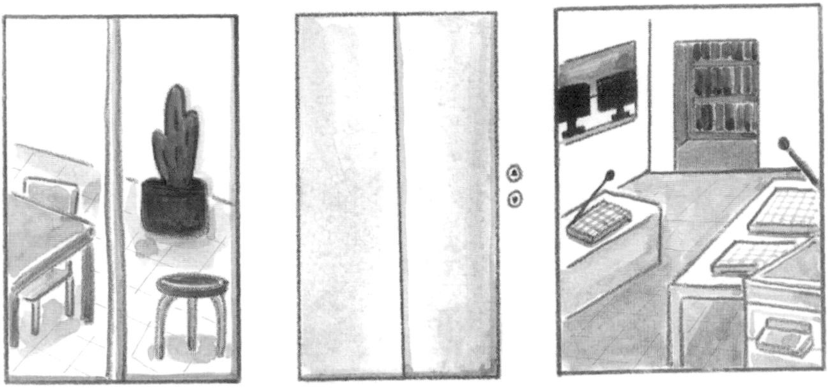

大廳有會客室，年度會議時會聚集所有漫畫家討論漫畫節的活動，還有一間小小的漫畫圖書館、影印機、切紙機、裝訂機、提供給安古蘭所有藝術家使用。

記得進出時
都要用鑰匙鎖門喔！
以免東西被偷什麼的。
這間就是
你們的工作室。
好幸運呀！
真的有咖啡機、
熱水壺還有
好多茶包！

工作室應有盡有，光桌、電腦、以及超高解析度的掃描器。
好啦，這邊的設備你們都可以自由使用喔！
太棒了啦！

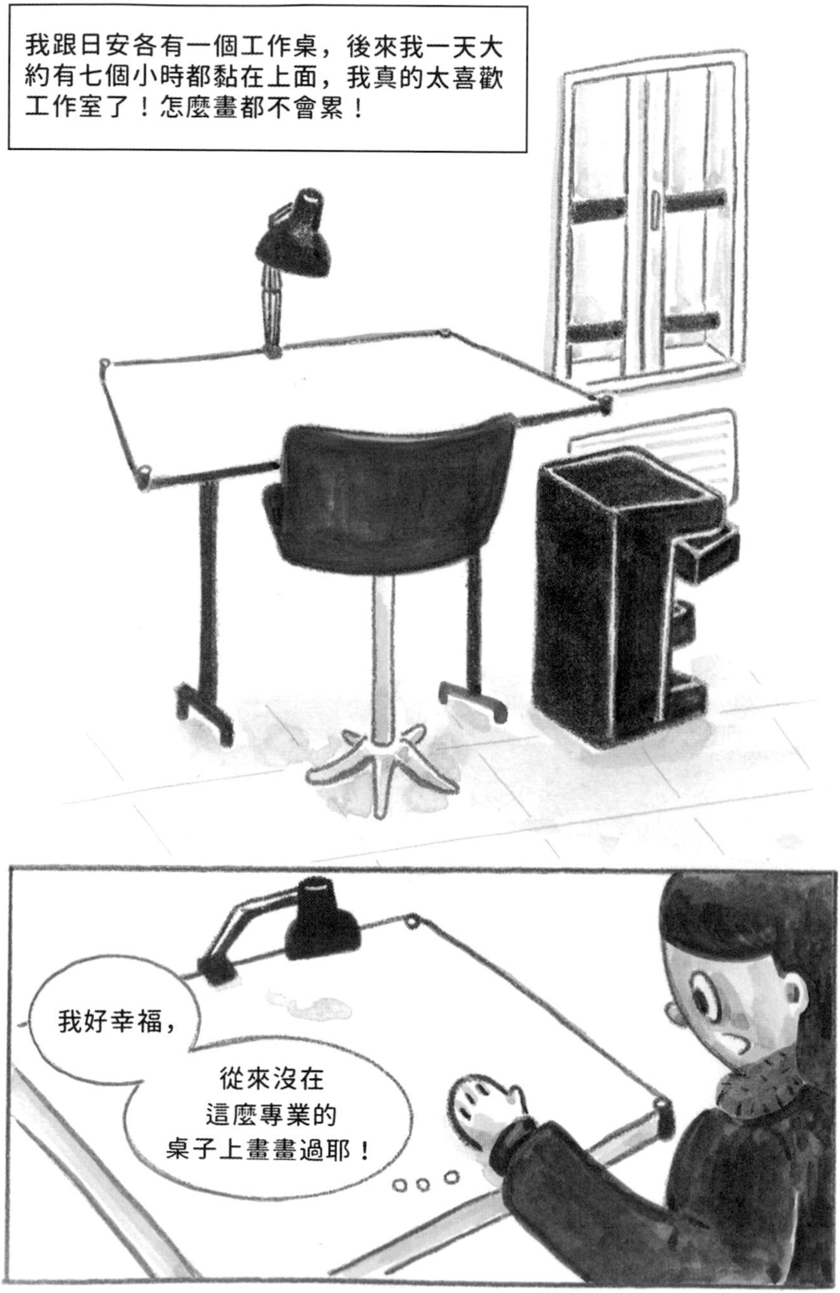
我跟日安各有一個工作桌，後來我一天大約有七個小時都黏在上面，我真的太喜歡工作室了！怎麼畫都不會累！
我好幸福，
從來沒在這麼專業的桌子上畫畫過耶！

嘿嘿嘿！
手超癢！
我要把之前
沒空畫的作品，
在這三個月通通完成！
等著看吧！
Lorem Ipsum
A4

Chapter 06

漫畫好朋友基地

2F 工作室前的休息區
?
?
BONJOUR!

一早就有人在聊天喝咖啡，真愜意。
你們好～
我們是新來的駐村漫畫家
我是 Pam Pam!
早安！

奇怪 ...
門推不開耶？
怎麼會 ?!
工作室的門，怎麼樣也推不開 ...
真的不行耶 ...
用力推
明明昨天 Brigitte 很輕鬆就打開啦！
沒辦法了，去找 Brigitte 救救我們。
結果 ...

只要輕輕的往左拉，
就可以把門打開啦...你們該不會用推的吧？
才剛來第二天就出醜了。

原來你們剛剛是在推門呀？
其實我們可以幫忙呀。

Hi。
Hello。
介紹一下，
這是安東尼奧
與葛洛莉亞。

原來這裡的駐村
漫畫家真的很熱情。
其實我也是
新來的，
我三天前
才剛到安古蘭，
有機會可以到我
工作室聊聊喔。
太好了～
謝謝你！
才剛來沒多久就認識新朋友了！
本以為會蝸居著畫畫應該沒時間見
到其他人，沒想到這才是剛開始！

原來大家都想來看看新來的
駐村藝術家，
請進！
會是誰呀？
他們會登門拜訪工作室，
來自我介紹並看看互相作品。
Bonjour!
我是 Annie!
你好！
我是 Pam Pam!
不好意思
打擾了～
有時一天會有五、六個藝術
家來拜訪，我們也會去對方
的工作室了解他們創作的過
程，這樣的交流對我來說完
全前所未有，超級有趣！

在這裡的駐村漫畫家風格迥異，有些是已經出書的專業漫畫家，有些是像我們還在創作路途上的，所以在作者之家中的交流過程中，大家都會互相給很多很有幫助的建議，不管是在畫技、編劇、專業以及未來求職上，就是互相加油打氣，整個空氣中充滿了正能量，更有動力去創作！

午餐時間時——
你好！你是新來的藝術家吧，
你好！（臉部微笑太久已僵硬）
我是法蘭，我們下星期會舉辦一個...
法蘭是在此待了很久的插畫家，他很熱情的邀約我們參加活動。
來來來，我先把你加入作者之家的群組...
我們要回家過節，所以會提前辦聖誕派對。
那我就等你通知囉！

那就先這樣...
啊！對了！
要先準備一個小禮物，
我們要交換
聖誕禮物喔！

法蘭
好溫柔～
好開心！
還好有來餐廳吃便當
才得到加入群組的機會！
來想想該準備什麼禮物
給大家抽獎吧！
大家都已經沉浸在過節的氣氛中了，
這樣還有心情專心畫畫嗎...?

Chapter 07

漫畫家的幸福日常

我的一天，
由被窗外的鴿子吵醒開始。
梳洗完後通常已經超級飢餓，
趕快把冰箱食材都拿出來
煮一頓早午餐。
很慢很悠閒的吃完早餐。
（菜色通常是鮭魚、生火腿配
穀片加牛奶還有柳橙汁。）
衣服穿穿就準備出門去買晚上
要用的食材，一個星期大概去
三、四次超市。

十二月的安古蘭又濕又冷，
除了大外套之外我還穿了毛衣跟發熱衣，
但是通常走到目的地時已經滿身大汗。

首先先去傳統市場買些蔬菜水果，
雖然水果阿姨不會說英文，
但比手畫腳還是可以通一些意思。
BONJOUR!
BONJOUR!
1 2 3.
ONE!
一個就好！
令人困擾的是，法國人比數字的手勢
跟台灣人完全不一樣，常常有雞同鴨講的狀況。

因為超市很多微波食品，
懶得煮飯的時候就可以直接熱來吃，
而且聽說聖誕節到新年這段時間，
很多店家都不會開門，
所以需要囤積一些食物在冰庫裡。
嘿嘿嘿，吃一吃就可以趕快上床睡覺啦！
PIZZA
不應該中午來的...
人好多，店員動作又好慢啊！
MILK
超市大概是這一區人最多的地方囉！

揹著兩三天的食物
走十五分鐘回家，還要爬樓梯，
可能是因為如此的運動量，
我三個月後離開安古蘭時，
褲子變得相當鬆垮。

到家後拿出前一晚
準備的午餐，
出門去工作室畫畫。
FORMAGE

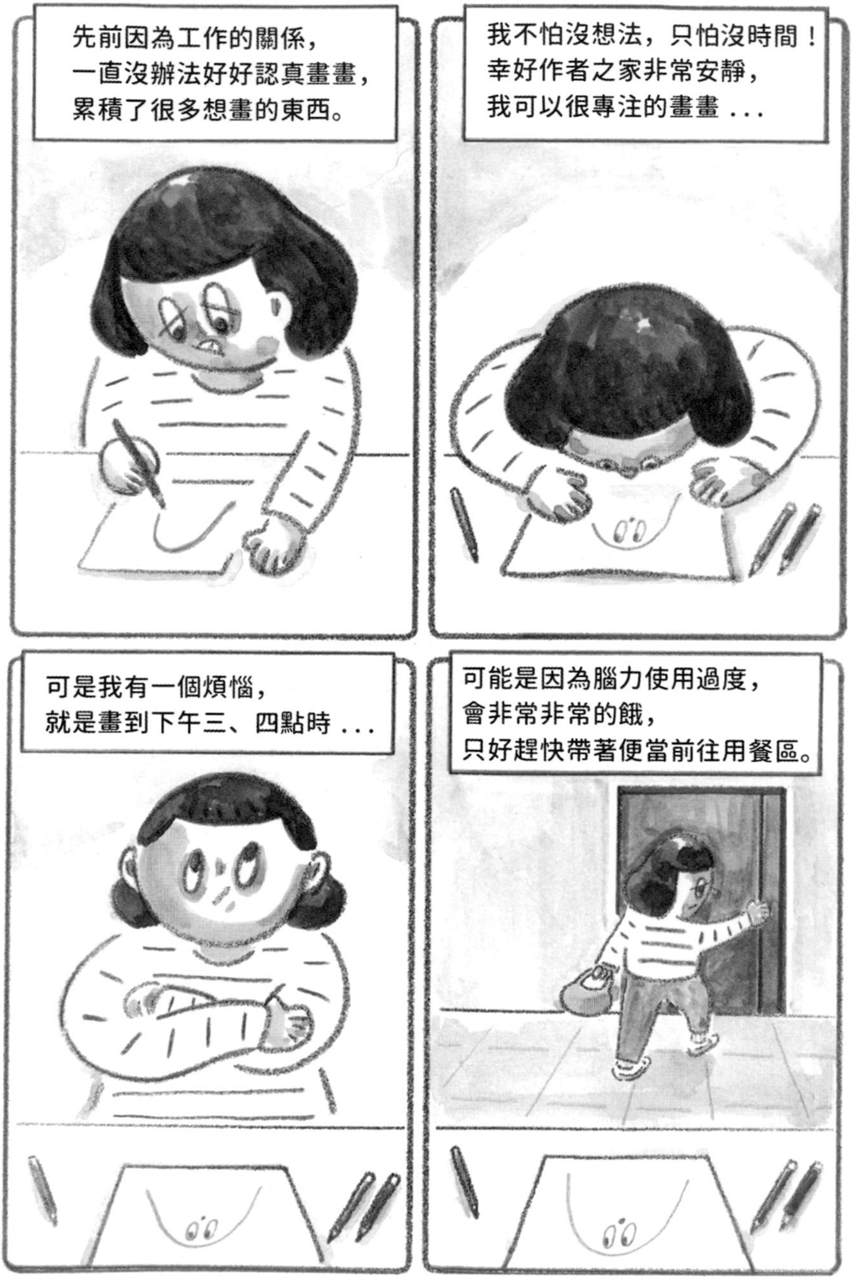
先前因為工作的關係，
一直沒辦法好好認真畫畫，
累積了很多想畫的東西。
我不怕沒想法，只怕沒時間！
幸好作者之家非常安靜，
我可以很專注的畫畫 ...
可是我有一個煩惱，
就是畫到下午三、四點時 ...
可能是因為腦力使用過度，
會非常非常的餓，
只好趕快帶著便當前往用餐區。

三、四點是用餐區的淡季，常常只有我一個。
叮
咕嚕
但，偶爾也有像我一樣...
Hello!
畫畫畫到忘記吃飯，到下午才猛然聽到肚子叫得超大聲的人。
請問可以跟你坐同一桌嗎？
歡迎歡迎！

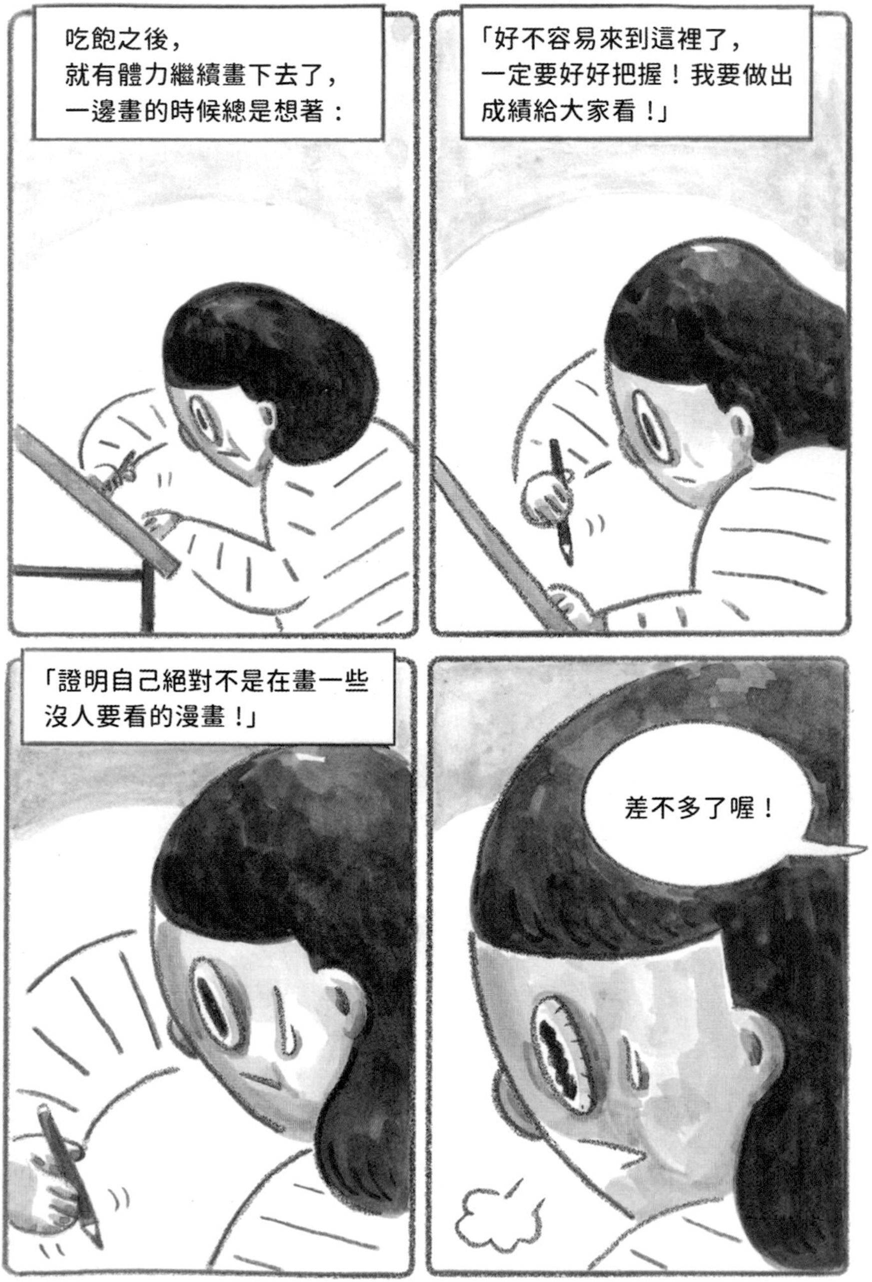
吃飽之後，
就有體力繼續畫下去了，
一邊畫的時候總是想著：
「好不容易來到這裡了，
一定要好好把握！我要做出
成績給大家看！」
「證明自己絕對不是在畫一些
沒人要看的漫畫！」
差不多了喔！

想著想著，都忘了時間了。
我要回去了
你要一起嗎？
啊！
等等我！
回家後需要煮晚飯，
至少要煮個一個小時，
這一餐同時也是隔天的午餐。
多虧了宿舍沒有無線網路，
在安古蘭的每天都很早就睡了，
變健康讓腸胃消化變得很快，
到了半夜已經又餓了，
只好想著明天早餐的菜色入睡。
Lorem Ipsum
除了畫技之外，廚藝也練習到了，
真不愧是安古蘭呀！

Chapter 08

緊張刺激的交換禮物派對

我與日安焦慮一起參加
於作者之家的地下室舉辦的聖誕節前夕派對。

可是...因為我們是新來的，
而大家好像都已經很熟了，
沒有人找我們聊天。
這樣不行！
我們得主動點
一直發呆也不是辦法。
看看有誰也落單
就去找他講話吧...
有了！
那人不錯，就他了！
走吧！

於是，我使用了一個最古老，
也最容易聊起來的起手式——
哈囉！
今天真冷啊～
你說是吧～
MUDHONEY
天氣！
對啊！
你知道今天幾度嗎？
你看
多誇張，
現在居然是
0度耶！
0度！
振振有詞
0℃

哇～
你是哪裡人呀？
沒想到你也怕冷。
洋人應該
很耐冷的說。
我是
西班牙人，
安東尼奧呀。
我們前幾天
有見過面的哦。
完全忘記了...
沒關係！
我跟你們說！
如果每天中午
都來吃飯區的話，
漸漸就會
認識
大家了喔！
掛保證
MUDHONEY

果然沒錯！主動出擊後，
就有人慢慢來找我們講話了，
喔天啊！
這是你自己印的書？
好好看喔！
嘿嘿嘿！
謝謝啦！
你為了學
法文去上課喔？
好認真...
對啊
很實用喔！
哈囉
女孩們～
你們想喝汽水
或是紅酒嗎？
我要汽水！
我要紅酒！
我們終於融入了派對，不再被冷落了！

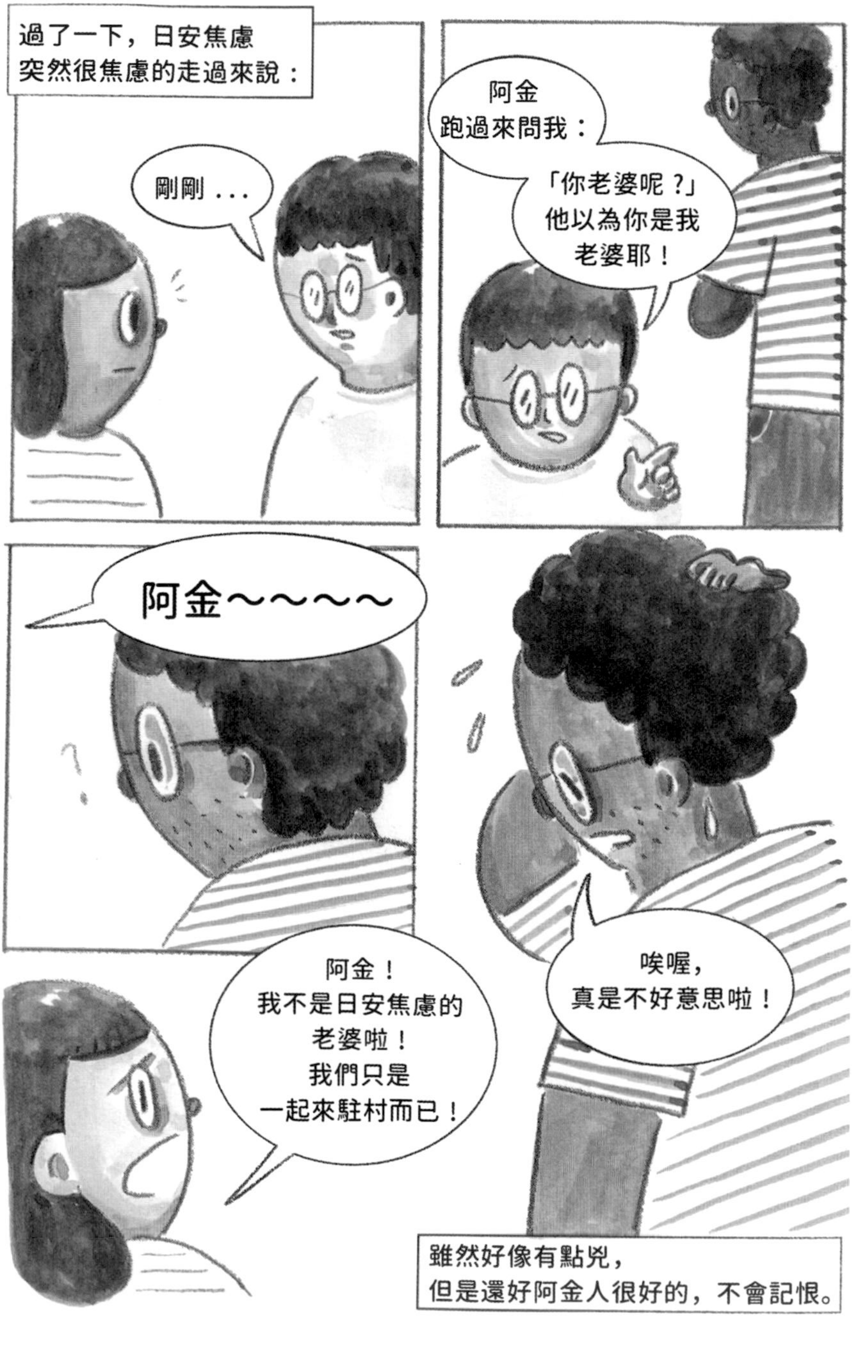
過了一下，日安焦慮
突然很焦慮的走過來說：
剛剛...
阿金
跑過來問我：
「你老婆呢？」
他以為你是我
老婆耶！
阿金～～～～
阿金！
我不是日安焦慮的
老婆啦！
我們只是
一起來駐村而已！
唉喔，
真是不好意思啦！
雖然好像有點兇，
但是還好阿金人很好的，不會記恨。

終於開始要抽交換禮物了。
大家大家！看這裡～抽禮物時間到囉！
請各位將腳步向中間移動！緊張刺激的抽禮物時間到囉！
我是今天的主持人蕾貝卡！
等一下我們就請各位抽一張號碼...布啦布啦布啦...然後那就是你的禮物啦！
因為英文講太快，我根本沒聽懂規則。

恭喜你！抽到草泥馬一隻！
哈
哈
哈
哈
哈
哈
哈
哈
哈
這太不適合
我了吧！
節目的高潮是一個很粗曠的男子
抽到一隻很可愛的草尼瑪娃娃。
你看你看！
我抽到你的書耶！
好幸運～
其實我可以
直接送你一本呀！
而安東尼奧抽到了日安焦慮
的書，他非常高興的到處炫耀。

對了！
你們聖誕節
應該不會離開
安古蘭吧？
我們會待在這裡喔！
原本只是隨意聊聊天，
沒想到安東尼奧竟然有這麼多局。
太好了～
那聖誕節那天
就去阿金家吃飯囉！
一人準備一道菜！
沒問題！
很想大唱：認識你真好～你知不知道～

Chapter 09

阿金家的聖誕晚餐

聖誕節當天
照安東尼奧所說，我煮了鹹水雞，
而日安則炒了蛋炒飯準備帶去派對。
走走走！
快點出門吧！
不然菜冷掉
就不好吃了。

好像很急忙的出門，
但其實阿金的家
就在我們家對門而已。
我們家
阿金家

繃絲襪！(晚安)
謝謝你們今天來！
阿金
繃絲襪～
哇啊！
你們太早啦！
馬鈴薯泥
還沒煮好哩！
HOLA!
香味－
安東尼奧與只會講西文的阿伯
很努力的在廚房準備料理。

於是，我、日安與阿金
先在客廳等待他們煮好 ...
安靜
救命！
安靜得
要耳鳴了，
我該說些
什麼呀！
無聲
糟糕了
該不會
上次對阿金
太兇了，
使得他對我
印象超差？
尷尬

不好意思
讓大家久等啦！
馬鈴薯泥
上菜了！
終於從
痛苦的靜默中
解脫了。
靜——
默——
AGAIN
又來！
要和陌生人一起
吃聖誕大餐
還是太勉強了嗎？
Lorem Ipsum

那個...
我不管啦！快餓死了！我要開動了！
你們也快點吃啦！
喔天啊！
這個台灣雞好好吃喔！
這個炒飯好香喔！
讚！
沒想到第一次做炒飯就上手！
呵呵呵，
看來台灣料理大受好評呢。
雖然跟阿伯無法溝通，但他也覺得很好吃吧！

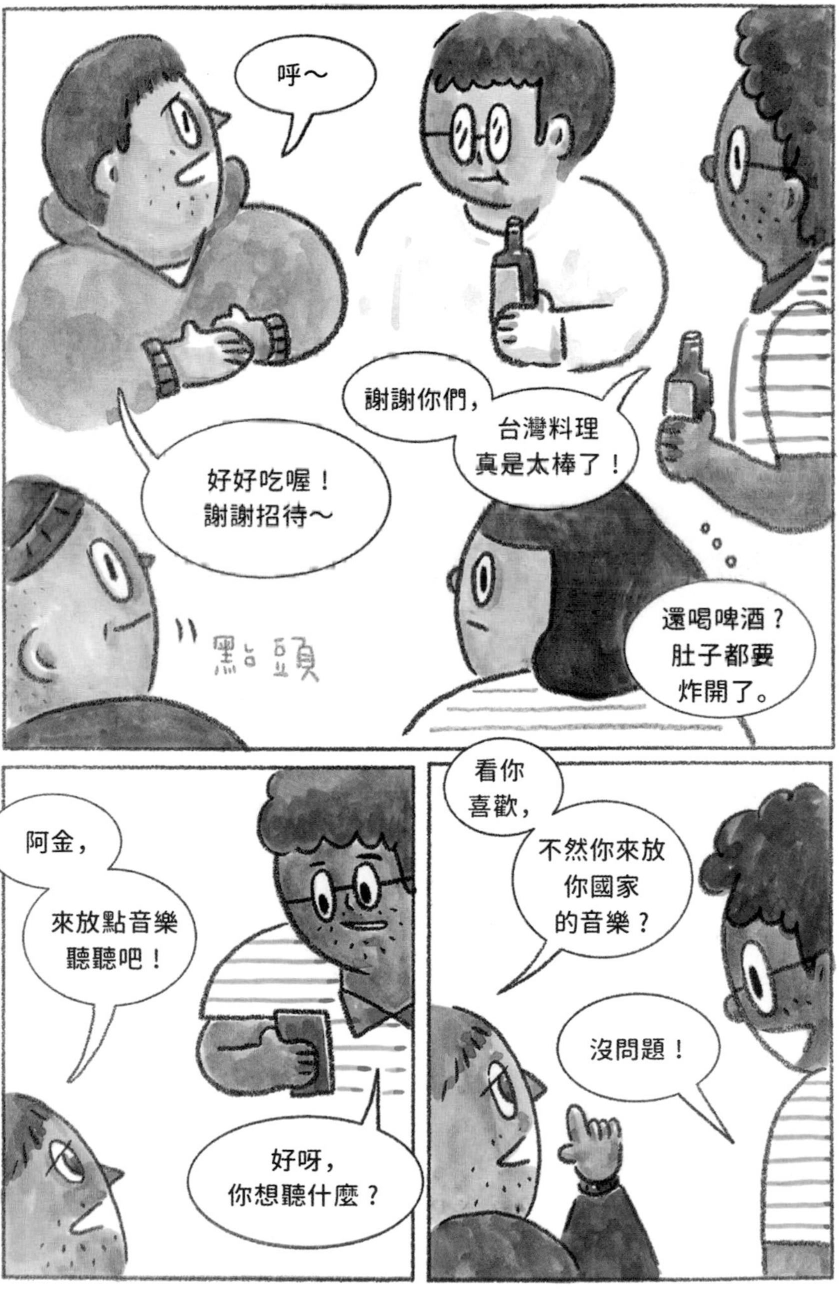
呼～
謝謝你們，台灣料理真是太棒了！
好好吃喔！謝謝招待～
點頭
還喝啤酒？肚子都要炸開了。
阿金，來放點音樂聽聽吧！
好呀，你想聽什麼？
看你喜歡，不然你來放你國家的音樂？
沒問題！

各位
請注意！
超好聽的音樂
要 PLAY 了！
懂
滋
喔，
不錯喔。
很動感耶！
GO LET'S GET READY!
everybody!
準備好了沒？!
阿金 ...?
這是？
這是要熱舞
的前奏嗎？

大家一起來呀！
逼哩逼哩～
嚕嚕拉拉～
帥啦阿金！
不行了
...
笑到流淚
不止...
HA
HA
太好了，
阿金剛剛
只是慢熟而
不知道要說什麼呀。
笑到哭
只要他不要
覺得我兇巴巴
就好，
跳吧！阿金！
跳吧！
拍
拍

Chapter 10

漫畫家與漫畫家的朋友們

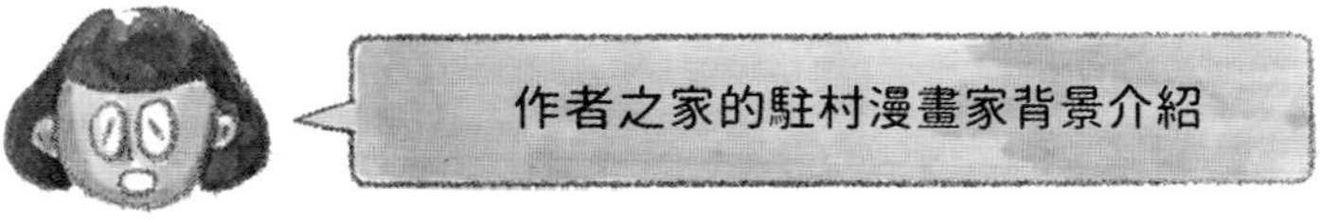

已經是職業漫畫家
在安古蘭租用工作室
安靜的專心創作

在法國念相關科系
在漫畫節期間
暫時租用工作室的學生

尚未成名的漫畫家
希望藉由在安古蘭駐村
得到在法國出版的機會

大多數都像我跟日安一樣，
屬於 B 類型

但也有耳聞本地漫畫家
為了想進入作者之家駐村，
申請了好多次都沒有入選的案例。
SORRY
嗚嗚嗚，
好想跟大家
一起畫畫啊 ...

所以
能得到在
作者之家駐村
的機會，
是非常難得的，
我相當珍惜！
接下來要
一一介紹，
那些我在安古蘭
結交的
漫畫家朋友們！

Antonio

①認不得我的安東尼奧

有天我在準備去車站
的路上，看見
安東尼奧迎面而來。
我對他招招手打招呼。
?
HI～
你要去哪？
他看著我非常久，
很驚訝的樣子，
時間彷彿凝結了。
他應該是忘記我是誰了
我正要自我介紹時...
PAM PAM!
你好呀！
你好嗎？
他該不會只有在我跟日安
一起出現時才認得我吧？!

②突如其來的告解

我要坦白
一件事...
其實，
畫漫畫
令我很痛苦！
但是
如果不畫，
我也會
非常痛苦。
可是畫畫
的時候，
我又會因為
追求完美
而煩惱不已！
但看到
漂亮的完稿
心情會很好吧？
別開玩笑了！
完成後
我連看
都不想看呢！
你到底想怎樣啦！

③真心的勸戒

有什麼辦法可以讓你們繼續待在法國呢？
好像有，但是很麻煩，
不然的話...
跟法國人結婚～就可以待著囉！
嘿嘿！
不行！
不要跟歐洲人結婚！你會後悔的！
冷靜，開玩笑的啦！
那就好。

Adjim

①阿金的真面目

初見阿金時，
他看起來正經又緊張。
你好！
Bonjour!
在路上相見時，
也只是禮貌的打招呼。
對啊～
早安，
去超市喔？
就算不小心看到住對面的他，
正在刷牙洗臉，
他也很有禮貌的說哈囉。
PAM PAM
丁丁！
你們
今天好嗎？
很好～
到後來才發現阿金是個諧星。

②阿金的信仰

③給 Pam Pam 的當頭棒喝

① Sloane 知道台灣在哪裡！

②拜訪 Sloane 的工作室

③來台灣的約定

Sloane!
再見！
我們要
回台灣了。
其實
我也要
提早回美國。
那，
也許明年
安古蘭見？
也許吧。
啊，
有機會的話
我可以去
台灣，
我很想去
那邊衝浪！
歡迎你來！
要找我喔！
好呀好呀！

Luca

①令人迷惑的兩個人

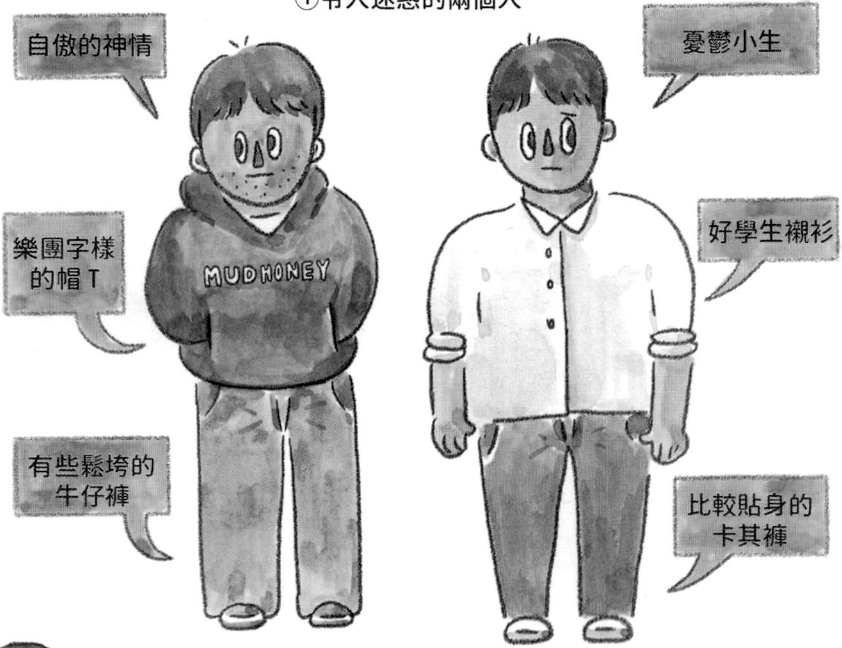
自傲的神情
樂團字樣的帽T
MUDHONEY
有些鬆垮的牛仔褲
憂鬱小生
好學生襯衫
比較貼身的卡其褲

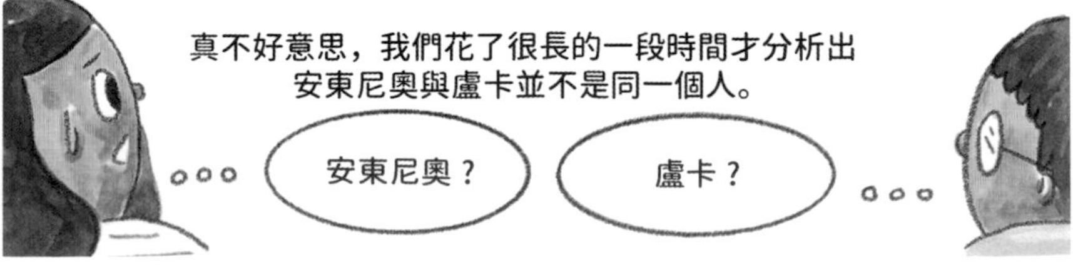
真不好意思，我們花了很長的一段時間才分析出
安東尼奧與盧卡並不是同一個人。
安東尼奧？
盧卡？

②來自美國的憂鬱小生盧卡

為了轉移這傷心的話題，我提出有關畫畫的問題。
對了，
我對你的作品很好奇呢！
我的作品不像美國流行的英雄漫畫，
對了，我帶你去看看。
後來，盧卡帶我去看他展出的作品。
你的風格好細膩喔！好像有點東方的感覺，
你之後會在這邊出書嗎？
我打算畫到一個段落後，
給法國出版社看看，也許有機會在這裡發展。
希望盧卡可以在法國發展順利！

Haan

①來自紐約的 Haan

Pam Pam
有空嗎？
有新朋友來了！
你好，
我是 Haan，
我來自紐約。
你好，
我是台灣人。
真的嗎？
我的父母
也是台灣人。
哇，
好巧！
……
……
然後...就沒有什麼好聊了。

②有必要這麼神祕嗎？

有一天日安不在，
我一個人邊聽音樂邊開心的畫畫。
後來聽得太投入
還不禁唱了出來 . . . 突然！
啦啦啦
啦啦啦
Hann 無聲的
從背後出現。
那個，
不好意思 . . .
我的網路
連不上，
可以借用
你的嗎？
你請用吧。
謝 . . .
一溜煙，
他又無聲無息的消失了。

今天就先畫到這吧。
我走了
網路會斷，
還是要跟
Haan 說一聲，
以免他沒有
網路可以用。
他的工作室
好暗喔，
已經走了嗎？
啊啊啊啊！
嚇！
你找我？
對...
我要走了
網路會斷，
謝謝
你告訴我。
奇怪，
明明在做好事，
為什麼一直嚇到？

Chapter 11

逛到腿軟的安古蘭漫畫節

十二月時的安古蘭
根本算是無人之境，
連很多店家都大門深鎖。
安古蘭真是清幽，
路上都空空的，
真棒！
直到一月底漫畫節要開始之前，
開始湧入大量人潮，
民宿旅館一床難求！
可見漫畫節的魅力令人難以阻擋。
天啊怎麼突然
湧入人潮！
好壓迫...

漫畫節為期三天，
到處可以看到一個個白色的帳篷，
那裡面就是書展與各種活動的現場。
這帳篷
好像沒什麼人，
就從這邊
開始逛吧！
我真是大錯特錯！
裡面每一個書攤前都擠滿了
漫畫愛好者！
ANGOULEN
SORTIE
年齡層橫跨長輩到小學生，
大家都認真的挑選出版社
展出的漫畫們。

你好，
這是我的作品，
請問你有興趣
看看嗎？
AKA BOOK STORE
AKA BOOK STORE
好呀！
BOOK
自我推銷！
厲害！
有些創作者會拿自己的作品
去出版社攤位詢問意見，
想找尋出版的機會。
你每一本著作
我都有收藏喔！
把我畫得
漂亮一點～
謝謝你！
真的
好開心！
沒問題！
VIP
J.D.
不過最引人注目的，是漫畫家們會輪流排時間，
為購買他們作品的讀者一一簽名，還會細心的畫上小插畫，
陣容宛如偶像簽唱會一般。

有些漫畫家會現場作畫，
Now Drawing
整個過程會投影在他身後
的布幕，
完全在考驗漫畫家的技巧。
除了正式的出版社攤位之外，
還有幾個零星的小據點，
有獨立出版的藝術作品跟小誌攤位。
comic
new
OK ZINE
HAPPY ZINE
SAD ZINE
FREE!
此時的我
已經再也按捺不住了。

之前的省吃儉用，
手好癢！
我要買！
全都是為了今天啊！
老闆！
我要這本！
不好意思，
請幫我
結帳！
該買
哪一本？
當然
都買了！
重心
不穩
客人
你還好嗎？
買書買到失心瘋，
後悔沒帶大一點的
購物袋。

我就這樣揹著不知幾公斤的漫畫，
走了比平常多了好幾十分鐘的路，
搖搖晃晃的回到公寓，
一邊盤算著明天還要再多買幾本。
還有好多本沒收到，
明天還要再去掃貨！
要帶大一點
的袋子去裝！

先來喝杯
熱茶！
等一下就可以好好的
來享受我的戰利品了～
哈－
啾！
奇怪...
突然感覺
好冷好冷...

還好嗎？
你今天要去漫畫節逛逛嗎？
不了...你自己去吧...
很少感冒的我，竟然在此時得了超嚴重的流感，喉嚨痛了好幾天，發燒發個不停，全身痠痛，最後臥病在床一個禮拜多才痊癒。
偏偏在這時感冒！
真是太可惡了！
只能說，漫畫節可能是散播病毒的溫床吧！

Chapter 12

漢堡探險之夜

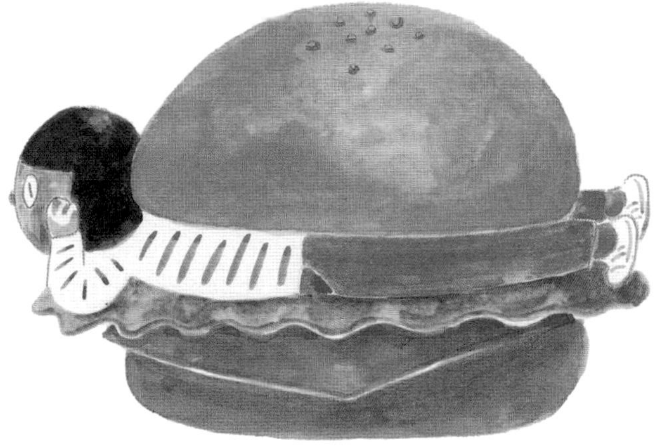

漫畫節過後的日子，
一切恢復冷靜，每天都差不多，
離回台灣已經在倒數計時中。
好久沒動靜的手機響了？
是誰？!
突然有一天，
大家在群組相約
晚上一起吃漢堡。
Adjim：
今天晚上 8:00 吃漢堡！
誰要加入？
Antonio：
我要！直接門口見！
好餓！
仔細想想
好久沒吃好料了，
雖然有點懶得出門，
但為了吃，
一定要去！
打字
咕嚕
打字
仔細想想，
以後也沒什麼時間一起吃飯了，
有點感傷。

到齊了！
為了吃
一定要準時！
嘿！
那我們就出發吧
我帶路！
愈冷...
感覺
就愈餓...
冷死了！
忍一下
很快就到了～
可能是天氣太冷的關係，
感覺走了好遠好遠，
而且才八點，街上已渺無人煙。

終於到達時，發現鐵門關緊緊，安東尼奧甚至以為自己走錯路了，但是沒有，漢堡店今天公休！我們真幸運～
可惡啊...偏偏我今天這麼餓，
竟然給我大門深鎖！
奇怪，網路寫今天有開啊。
對不起，但我真的好餓喔！

沒辦法了，
不然我們
去吃 QUICK 吧？
QUICK 是一間跟
麥當勞差不多的速食餐廳。
不！
不行！
QUICK...
非常難吃的！
強烈抗議
好吧
那我們就...
一邊走一邊看
有沒有想吃的餐廳囉！
再忍一下～

會法文的阿金
問了幾家餐廳。
還是回家
煮飯算了。
結果完全沒得吃。
他們說，
現在只有提供酒，
還有很貴的
披薩。
救命啊～
阿娘維 ...
所以最後 ...

可惡啊 ...
還是只有「那個」
可以吃嗎 ...?!
是的，最後
連阿金都只好妥協。
Quick
QUICK
QUICK 的招牌在黑夜中，
宛如一盞避風港的明燈。

雖然是叫做 QUICK，而且是速食餐廳，但是好像平常的客人太少了，店員與廚師動作都很生疏也很慢。
RETRAIT
COMMANDE
1 2 3 4 5
Quick
Quick
明明店裡就只有我們 ...
下次我一定要吃到好吃漢堡店的漢堡！
一點都不速啊，等到快睡著 ...

整個速食店只有我們在吃飯，
感覺超愜意，宛如包場一般。
連普普通通的漢堡跟汽水
嘗起來都特別好吃。
嘖嘖嘖，
真糟糕啊，
身為美食家的我
竟然覺得
很美味啊！
BONJOU
Q
太餓了，
什麼都覺得
好吃了吧！
雖然本來要去的店沒開，覓食的過程又困難重重，
但是這一個晚上是我印象最深的一天，
能認識阿金跟安東尼奧真是太好玩了！

Chapter 13

再會安古蘭與之後的日子

很快的 . . . 八十八天一下就過去了，
因為簽證的關係，沒有辦法再待更久，
最後一天時，我們在半夜離開公寓，
準備搭火車前往巴黎。
再見了 . . .
超大超舒適
還有廚房的
雙層公寓 . . .

你哪位？
吉祥物...
再見了...
下一次見到你
不知道是何時了。
作者之家的主任
Pili
宛如大家的媽媽
Brigitte
蔬果攤的老闆娘
（不知名）
離開的途中不禁想起
在安古蘭的種種，
想起那些曾經照顧我們的人。

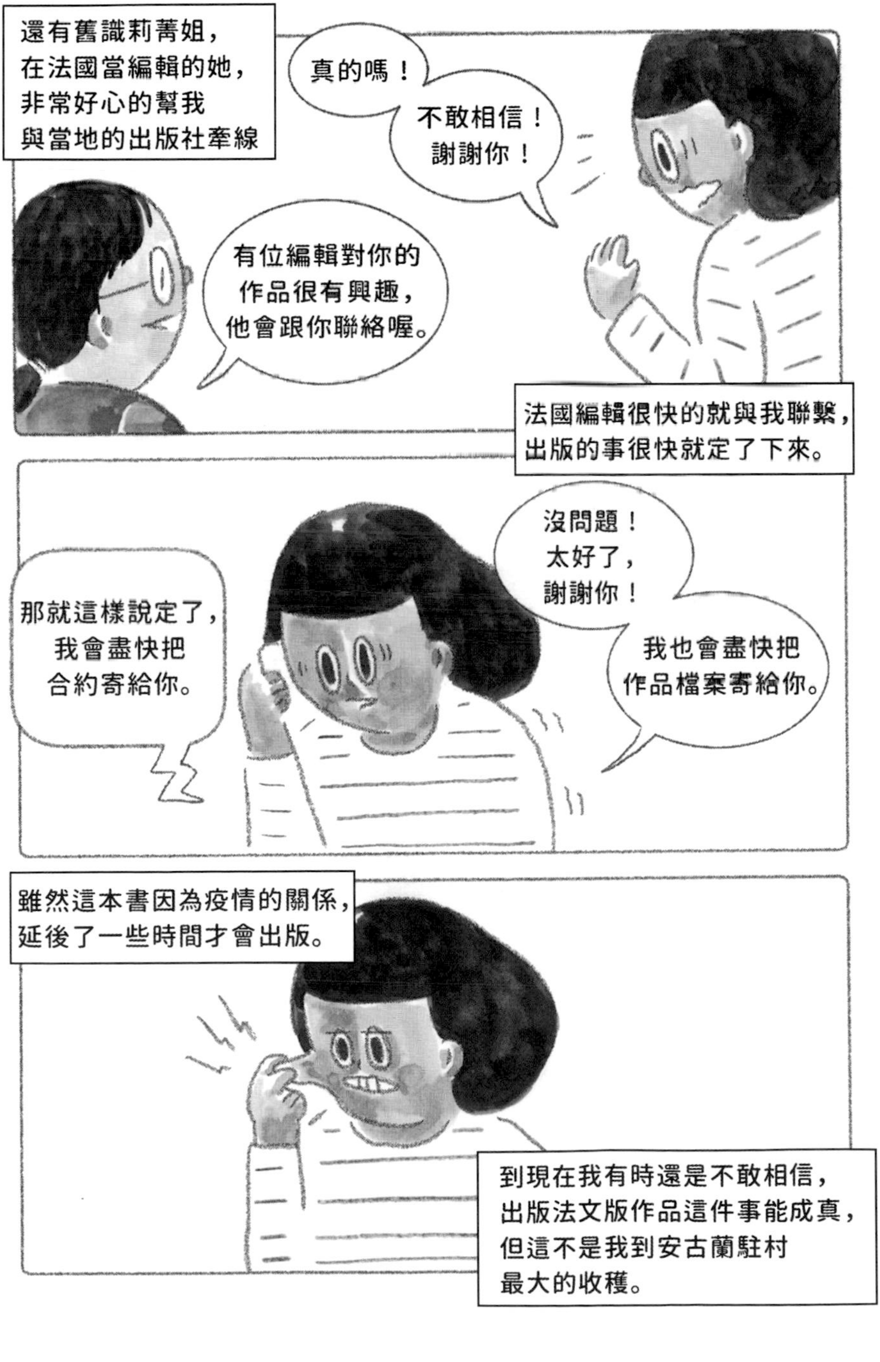
還有舊識莉菁姐，
在法國當編輯的她，
非常好心的幫我
與當地的出版社牽線
有位編輯對你的
作品很有興趣，
他會跟你聯絡喔。
真的嗎！
不敢相信！
謝謝你！
法國編輯很快的就與我聯繫，
出版的事很快就定了下來。
那就這樣說定了，
我會盡快把
合約寄給你。
沒問題！
太好了，
謝謝你！
我也會盡快把
作品檔案寄給你。
雖然這本書因為疫情的關係，
延後了一些時間才會出版。
到現在我有時還是不敢相信，
出版法文版作品這件事能成真，
但這不是我到安古蘭駐村
最大的收穫。

回台灣沒多久之後，我就回到工作崗位了。
哈囉！
我回來啦～
哇！我還以為你不回來了。
於是，我又過了幾個月
像以前一樣的上班族生活。
下班了才能盡情畫畫 ...
我以為創作生活就這樣不會改變了。

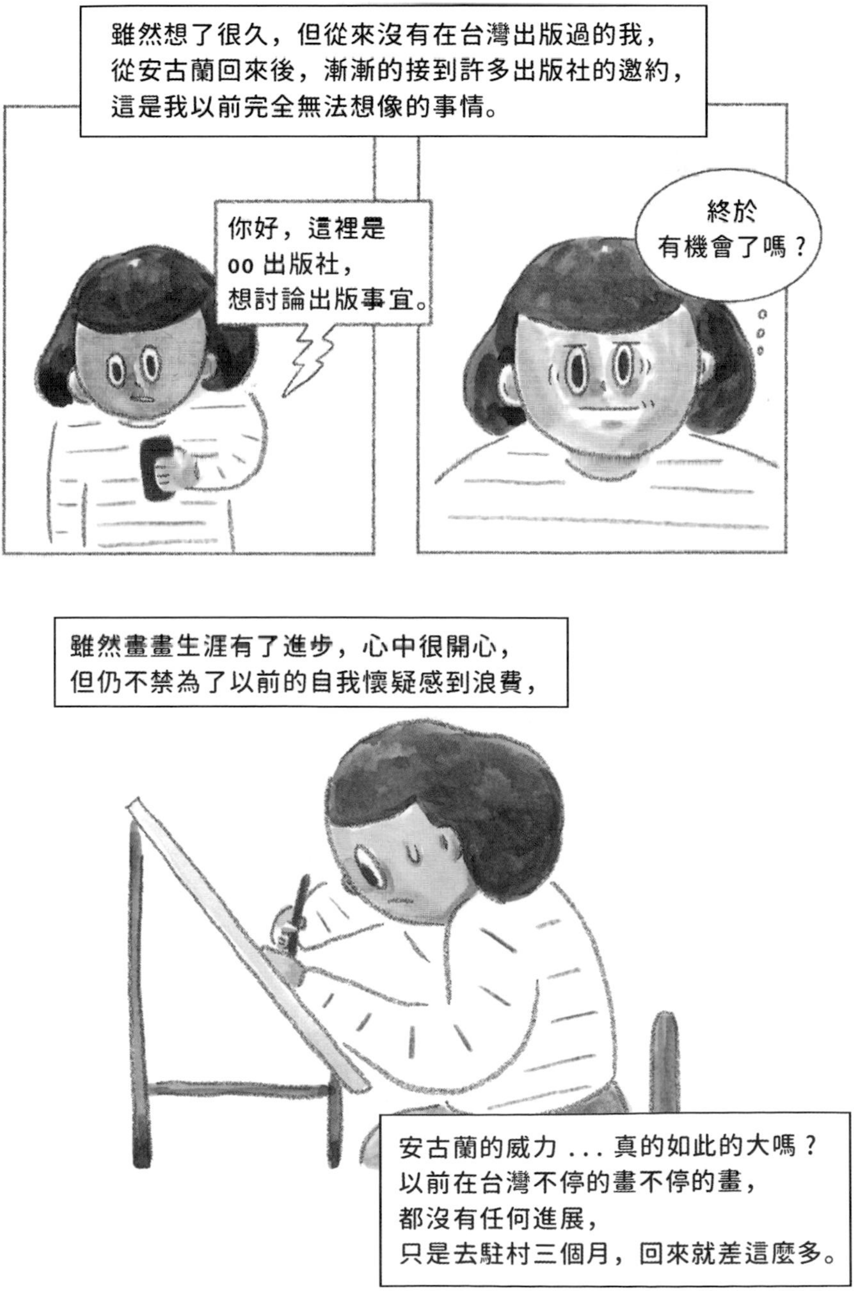
雖然想了很久，但從來沒有在台灣出版過的我，
從安古蘭回來後，漸漸的接到許多出版社的邀約，
這是我以前完全無法想像的事情。
你好，這裡是
oo 出版社，
想討論出版事宜。
終於
有機會了嗎？
雖然畫畫生涯有了進步，心中很開心，
但仍不禁為了以前的自我懷疑感到浪費，
安古蘭的威力...真的如此的大嗎？
以前在台灣不停的畫不停的畫，
都沒有任何進展，
只是去駐村三個月，回來就差這麼多。

雖如願然出版了書，但還是沒辦法放棄工作，專心畫畫，
所以當朋友建議我可以報名漫畫輔導金時，
雖然要準備一堆資料，但我很快的就整理好並報名了。

宛如這輩子的運氣都集中在這一年一樣，
很幸運的我得到了輔導金，也就是說，
我可以利用這筆補助專心的創作，辭掉工作了！

漫畫之神！
謝謝祢！
我明天就去辭職！
Sketch book
我會好好畫！
認真畫！
把所有的精神都花在
畫漫畫上！

我不幹了～
大家
再見～
果不其然啊！
祝福你。

再見了！
8:30
要起床的
工作！
再見了！
來回兩小時的
通勤時間！

於是，托安古蘭的福，認識了很多幫助我的人，
現在的我可以不顧一切的認真畫畫了！
雖然有時會畫到無力頭昏，
北鼻呀
不要頑皮了，
姐姐畫不完啦！
但是比起當上班族，
這樣的生活實在是美夢成真！
請大家繼續期待我更多的作品吧！

I

漫畫家的跨年夜
混亂！

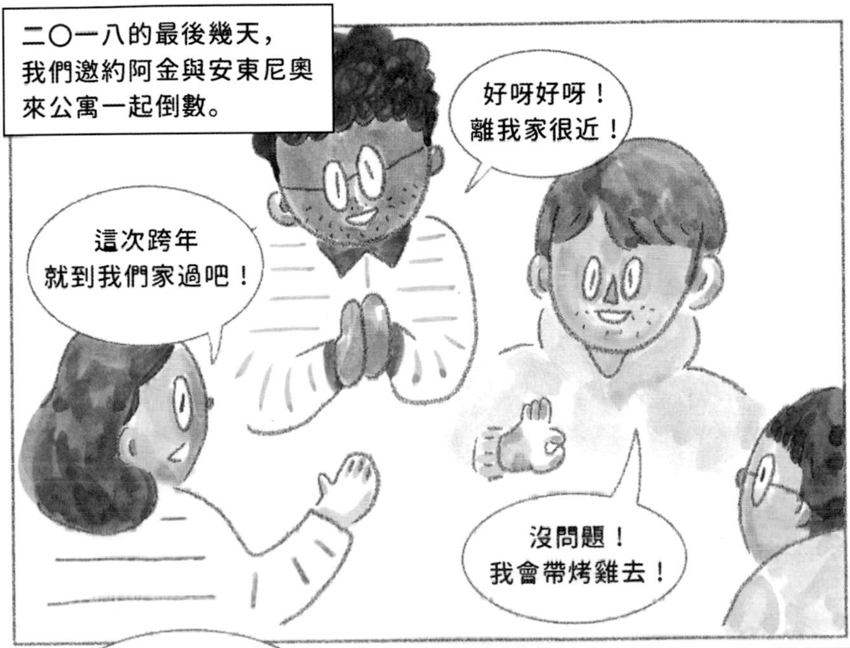
二〇一八的最後幾天，
我們邀約阿金與安東尼奧
來公寓一起倒數。
這次跨年
就到我們家過吧！
好呀好呀！
離我家很近！
沒問題！
我會帶烤雞去！

那天我的女朋友
會從巴黎來拜訪，
我會帶她一起去玩。
歡迎她來！
我會做一道
好吃的傳統
家常菜過去！
天啊，
我現在
就想吃了。

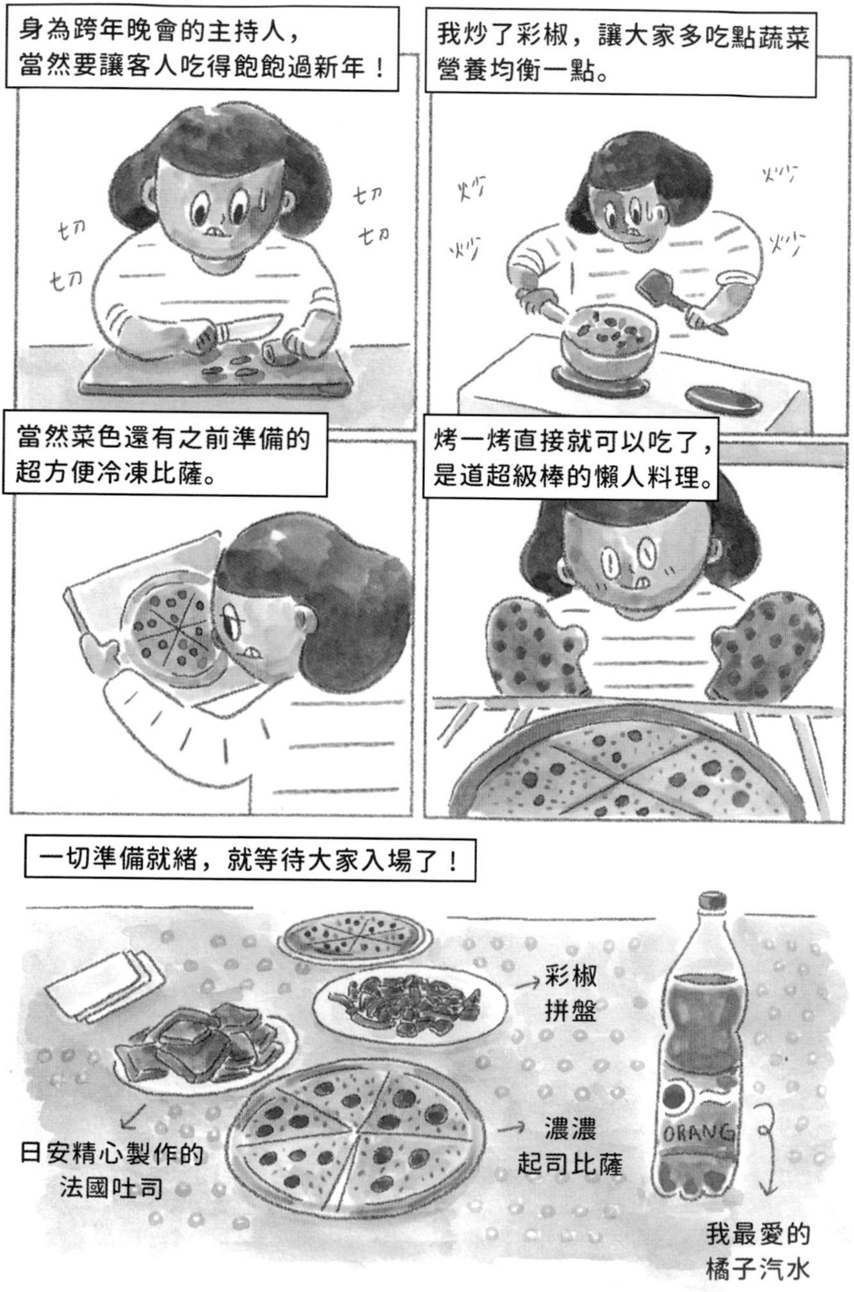
身為跨年晚會的主持人，
當然要讓客人吃得飽飽過新年！
切
切
切
切
我炒了彩椒，讓大家多吃點蔬菜
營養均衡一點。
炒
炒
炒
炒
當然菜色還有之前準備的
超方便冷凍比薩。
烤一烤直接就可以吃了，
是道超級棒的懶人料理。
一切準備就緒，就等待大家入場了！
彩椒
拼盤
日安精心製作的
法國吐司
濃濃
起司比薩
ORANG
我最愛的
橘子汽水

繃絲襪！
新年快樂！
新年快樂！
新年快樂！
新年快樂！
喔我要
餓死了。
新年快樂！
這是烤一下
就能吃的烤雞。
哈囉！
新年快樂！
HOLA!
HAPPY
NEW YEAR!
只會說西班牙語的阿伯也來了，
希望他今天會玩得開心。

20:00
阿金熟練的用刀叉支解烤雞，
大家用不同語言交談著，
終於有點異國風味了。

我們跟阿金與他女友講英文，
女友會講西班牙文，由她負責翻譯給阿伯聽，
因為安東尼奧很愛講話嘴巴太忙了，
有時我會不小心跟日安講英文，跟安東尼奧講中文，
大家都笑到不行。

各位，不好意思我頭好痛，我要先回家睡覺了。
21:00 安東尼奧身體開始不適。
從來安古蘭開始，
我的感冒就沒有好。
不好意思啦！祝大家新年快樂！
路上小心！
多喝水啦！不要每天只吃泡麵了！
很高興認識你！
881!
ADIOS!

22:00 晚餐結束
大家吃得超飽而且看起來有點想睡。
肚子要爆炸了。
還有兩小時，該做些什麼呢？
有了！
我想到一個好點子。
等我一下！
馬上回來！
他不會是要回家睡覺吧？
我猜他是要回家拿吉他。
情侶的默契真厲害...

ARE YOU READY?
容我來為各位表演一曲吧！
BONNE ANNÉE
BONNE ANNÉE
22:30 阿金與女友一搭一唱，
這首 Bonne Année 是「新年快樂」的意思，
應該是除了綳啾、綳絲襪之外我還記得的法文。
他們體力超好，
就這樣唱唱跳跳，
直到二〇一九年都來了。

新年快樂！
謝謝
你們來！
謝謝招待！
新年快樂！
Bonne
Année！

雖然玩得很 HIGH，
但是還是有現實
要面對 ...
新年新氣象，
洗洗睡起來
再整理吧！
ORANG
天下無不散的筵席，
也沒有不用清理的杯盤狼藉 ...

II

巴黎篇

十二月底時，為了與朋友會合見面而坐火車去了巴黎，
因為天氣很差，從作者之家走到火車站的路途感覺
非常的遙遠。

說到巴黎，大家一定以為，
我會去參觀巴黎鐵塔...
或是去羅浮宮看藝術品...
Lorem Ipsum
不過，這些地方我都已經去過了，

所以，這次來到巴黎，
除了去接機之外，我有非常不一樣的地方要去！
而且是計劃很久了！
在巴黎
任何地方
都要注意行李！
免得被拉走
嘿！
注意行李啦！
去旅館放完行李後
你有計劃要去哪裡嗎？
有喔！
我看看...

那時黃背心抗議活動正火熱進行中，巴黎市區到處都是警察與抗議的民眾，我們準備去衣服店逛逛時，發現店門為了讓警察捕捉抗議的人而拉下，從窗外可以看到許多客人被關在店裡。

Lorem Ipsum
再來，我去了巴黎植物園的自然博物館，
雖然之前也有參觀過，不管看幾次，
那些五花八門種類繁多的動物頭骨們還是
充滿了神奇的吸引力！
(雖然我根本不知道牠們原本是什麼動物)

接下來要去哪裡？
還有
一個地方，
我一定要去！
而且我需
要你陪我去！
為了這一天
我已經準備很久了！
不要阻止我！
我一定要
大買特買！

歡迎來到
CHINATOWN!
安古蘭沒有的
食物,
這裡都買得到!
青江菜!
麻辣鍋底!
麻 HOT 辣 HOT 鍋
眾多
火鍋料!
我想念的
泡菜～
KIMJI

別嫌重嘛！
我是特別來法國
當馱獸的嗎？
這些等你
到安古蘭來之後
也可以煮來吃啊！
KOKO
KoREAN
ASIA
FooD
KOKO
KoREAN
是的，我坐了火車來巴黎的目的只有一個，
就是為了買一些亞洲食物回去囤積！
（也謝謝朋友幫我提回安古蘭）

BONJOUR！安古蘭
前進法國漫畫小鎮
就算不會說法語，只要會畫畫就沒問題！

作　　者　Pam Pam Liu
編　　輯　藍勻廷、吳雅芳
校　　對　藍勻廷、Pam Pam Liu
美術設計　劉錦堂、林榆婷

發 行 人　程顯灝
總 編 輯　呂增娣
資深編輯　吳雅芳
編　　輯　藍勻廷、黃子瑜
　　　　　蔡玟俞
美術主編　劉錦堂
美術編輯　陳玟諭、林榆婷
資深行銷　吳孟蓉

發 行 部　侯莉莉
財 務 部　許麗娟、陳美齡
印　　務　許丁財
出 版 者　四塊玉文創有限公司

總 代 理　三友圖書有限公司
地　　址　106台北市安和路2段213號4樓
電　　話　(02) 2377-4155
傳　　真　(02) 2377-4355
E-mail　service@sanyau.com.tw
郵政劃撥　05844889 三友圖書有限公司

總 經 銷　大和書報圖書股份有限公司
地　　址　新北市新莊區五工五路2號
電　　話　(02) 8990-2588
傳　　真　(02) 2299-7900

製版印刷　卡樂彩色製版印刷有限公司

初　　版　2021年07月
定　　價　新臺幣300元
ＩＳＢＮ　978-986-5510-79-4（平裝）

SAN YAU
http://www.ju-zi.com.tw
三友圖書
友直 友諒 友多聞

國家圖書館出版品預行編目 (CIP) 資料

BONJOUR! 安古蘭：前進法國漫畫小鎮：就算不會說法語，只要會畫畫就沒問題！/ Pam Pam Liu 作 . -- 初版 . -- [臺北市]：四塊玉文創有限公司，2021.07
　面；　公分

ISBN 978-986-5510-79-4(平裝)
1. 遊記 2. 法國安古蘭

742.89　　110009086

地址： 縣/市 鄉/鎮/市/區 路/街

段 巷 弄 號 樓

廣告回函
台北郵局登記證
台北廣字第2780 號

SANYAU

三友圖書有限公司 收

SANYAU PUBLISHING CO., LTD.

106 台北市安和路2段213號4樓

SANYAU
三友圖書
讀書俱樂部

「填妥本回函，寄回本社」，
即可免費獲得好好刊。

\ 紛絲招募歡迎加入 /

臉書／痞客邦搜尋
「四塊玉文創／橘子文化／食為天文創
三友圖書——微胖男女編輯社」
加入將優先得到出版社提供的相關
優惠、新書活動等好康訊息。

四塊玉文創×橘子文化×食為天文創×旗林文化
http://www.ju-zi.com.tw
https://www.facebook.com/comehomelife

親愛的讀者：

感謝您購買《Bonjour！安古蘭：前進法國漫畫小鎮：就算不會說法語，只要會畫畫就沒問題！》一書，為感謝您對本書的支持與愛護，只要填妥本回函，並寄回本社，即可成為三友圖書會員，將定期提供新書資訊及各種優惠給您。

姓名 ________________ 出生年月日 ________________
電話 ________________ E-mail ________________
通訊地址 ________________
臉書帳號 ________________
部落格名稱 ________________

1 年齡
□ 18 歲以下　□ 19 歲～ 25 歲　□ 26 歲～ 35 歲　□ 36 歲～ 45 歲　□ 46 歲～ 55 歲
□ 56 歲～ 65 歲　□ 66 歲～ 75 歲　□ 76 歲～ 85 歲　□ 86 歲以上

2 職業
□軍公教　□工　□商　□自由業　□服務業　□農林漁牧業　□家管　□學生
□其他 ________________

3 您從何處購得本書？
□博客來　□金石堂網書　□讀冊　□誠品網書　□其他 ________________
□實體書店 ________________

4 您從何處得知本書？
□博客來　□金石堂網書　□讀冊　□誠品網書　□其他 ________________
□實體書店 ________________ □ FB（四塊玉文創／橘子文化／食為天文創 三友圖書——微胖男女編輯社）
□好好刊（雙月刊）　□朋友推薦　□廣播媒體

5 您購買本書的因素有哪些？（可複選）
□作者　□內容　□圖片　□版面編排　□其他 ________________

6 您覺得本書的封面設計如何？
□非常滿意　□滿意　□普通　□很差　□其他 ________________

7 非常感謝您購買此書，您還對哪些主題有興趣？（可複選）
□中西食譜　□點心烘焙　□飲品類　□旅遊　□養生保健　□瘦身美妝　□手作　□寵物
□商業理財　□心靈療癒　□小說　□繪本　□其他 ________________

8 您每個月的購書預算為多少金額？
□ 1,000 元以下　□ 1,001 ～ 2,000 元　□ 2,001 ～ 3,000 元　□ 3,001 ～ 4,000 元
□ 4,001 ～ 5,000 元　□ 5,001 元以上

9 若出版的書籍搭配贈品活動，您比較喜歡哪一類型的贈品？（可選 2 種）
□食品調味類　□鍋具類　□家電用品類　□書籍類　□生活用品類　□ DIY 手作類
□交通票券類　□展演活動票券類　□其他 ________________

10 您認為本書尚需改進之處？以及對我們的意見？

____

感謝您的填寫，

您寶貴的建議是我們進步的動力！